AF322069

RÉFLEXIONS

SUR LES VÉRITABLES CAUSES

DES TROUBLES ET DES DÉSASTRES

DE NOS COLONIES,

NOTAMMENT

SUR CEUX DE SAINT-DOMINGUE;

Avec les moyens à employer pour préserver cette colonie d'une ruine totale;

ADRESSÉES A LA CONVENTION NATIONALE;

Par JULIEN RAYMOND,

colon de Saint-Domingue.

———

A PARIS.

=============

1793,

L'AN SECOND DE LA RÉPUBLIQUE.

AVERTISSEMENT

Depuis plus de trois semaines, les réflexions que je présente ici ont été lues à plusieurs membres de la convention et à plusieurs colons blancs : ils m'ont tous engagé à les faire imprimer.

Je ne mets ici cet avis que pour faire connoître que ces réflexions ont été écrites avant la déclaration de guerre avec l'Angleterre, et par conséquent avant les nouvelles qui nous viennent de cette partie, sur les dispositions de la cour de Saint-James sur nos colonies.

RÉFLEXIONS

SUR LES VÉRITABLES CAUSES

DES TROUBLES ET DES DÉSASTRES

DE NOS COLONIES,

NOTAMMENT

SUR CEUX DE SAINT-DOMINGUE;

Avec les moyens à employer pour préserver cette colonie d'une ruine totale.

DEPUIS quatre ans nos colonies, comme la métropole, sont déchirées par des troubles intérieurs; d'abord par l'effet naturel des événemens, et ensuite par les intrigues les plus coupables et les plus désastreuses. Mais il y a cette différence, que la métropole ne succombera pas à ces troubles, à cause de sa force d'inertie et de l'homogénité de sa population; et qu'au contraire nos colonies doivent nécessairement y succomber, si on ne s'empresse d'y porter le seul remède qui puisse, non-seulement les conserver à la France, mais même garantir les fortunes particulières.

Depuis l'époque de notre révolution, le gouvernement a fait des dépenses énormes pour secourir et conserver nos colonies, et on ne peut rien lui reprocher à cet égard ; mais avec des lois sages et bien combinées, on auroit beaucoup mieux réussi à prévenir tous les malheurs qui les ont déchirées.

L'assemblée constituante, composée en grande partie d'hommes qui n'avoient pas ces connoissances raisonnées des localités, se laissa entraîner dans de fausses mesures, par des colons de la plus insigne mauvaise foi, et par des intrigans qui siégeoient dans son sein. Ces derniers vouloient perdre la chose publique en perdant nos colonies ; et tous ces hommes, coalisés par des intrigues différentes, arrachoient à l'assemblée constituante des lois qui, en servant l'orgueil et les passions des premiers, secondoient les vues perfides des seconds.

La première faute que fit l'assemblée constituante, sur l'objet des colonies, fut celle de consentir à partager, avec les assemblées coloniales, le pouvoir législatif, en permettant à ces dernières (sous de vains prétexte) de faire les loix relatives aux hommes esclaves, et d'une partie des libres. Qu'est-il arrivé de cette foiblesse du corps constituant ? C'est que les loix qui furent demandées, comme pouvant seules assurer les propriétés, ont été précisément celles qui leur ont porté les plus cruelles atteintes ; et ceci est une vérité qu'il ne sera pas difficile de prouver.

Toutes les révolutions faites par le concours du peuple, dans quelque lieu et dans quelques circonstances qu'elles se fassent, échouent toujours, si elles ne sont à l'avantage de la majorité du peuple chez qui elles s'opèrent. Ce n'est donc qu'en donnant des avantages, et en améliorant le sort du plus grand nombre, que vous ferez réussir vos révolutions ; autrement, vous trouverez toujours ce plus grand nombre opposé à vos projets, et agissant en sens inverse de toutes vos opérations.

D'après cette vérité, examinons si, pour faire réussir notre révolution dans les colonies, on a pris les moyens généraux que nous venons d'indiquer, et si, en prenant des mesures contraires, on ne les a pas plongées dans l'état déplorable où elles sont.

Loin de prendre la mesure salutaire, et la seule qui pût faire réussir notre révolution, celle d'améliorer le sort de la majorité des individus, on a, au contraire, commencé par mécontenter plus de la moitié de la population libre, en refusant aux citoyens de couleur, les droits qu'ils tenoient de la nature et des loix antérieures à la révolution. Rien n'étoit plus adroit de la part de ceux qui ne vouloient pas de cette révolution, car il devenoit indubitable que les citoyens de couleur, de qui on cherchoit à aggraver le sort par la révolution même, auroient tout entrepris pour la renverser, ou pour jouir de ses bienfaits.

Les colons blancs voloient, pour eux seuls, la révolution, et ils n'étoient tout au plus que la douzième partie de la population des colonies : donc cette révolution ne pouvoit qu'être contrariée par les onze douzièmes, à qui elle ne donnoit aucun avantage.

Ce que je viens de dire pour les hommes de couleur libres, peut s'appliquer aujourd'hui aux esclaves; ils forment les neuf dixièmes de la population totale des colonies. On devoit donc les faire participer à cette révolution, non dans toute son étendue, mais les y intéresser, en améliorant considérablement leur sort, de manière à ne pas détruire notre commerce, ni faire souffrir les fortunes particulières. Alors ils eussent été de chauds partisans de cette révolution, et les malveillans eussent échoué dans leurs desseins perfides de les soulever. Contens de leur nouvel état, ils n'auroient jamais

prêté l'oreille aux perfidies des contre-révolutionnaires, et les colonies n'eussent jamais été trou-
blées. Mais le vice qui régnoit dans le corps constituant, et que j'ai expliqué plus haut, devoit en dé-
cider autrement.

Plusieurs partis, même parmi les colons, avoient
des vues différentes ; et les contre-révolutionnaires
se joignoient à eux, non pour servir leurs vues,
mais pour nous faire perdre les colonies ; parce qu'ils
pensoient que cette perte devoit être suivie de la
contre-révolution. Quel autre intérêt, par exemple,
pouvoient avoir tous ces prêtres pour faire refuser aux
citoyens de couleur les droits qu'ils réclamoient,
si ce n'étoit celui de faire de ces hommes des en-
nemis de notre révolution ?

On sait avec quelle perfidie, en même temps,
d'autres hommes, dans les colonies, irritoient les
hommes de couleur contre la révolution. Ils les
faisoient vexer de toutes les manières par les pré-
tendus corps populaires, et affectoient ensuite beaucoup de compassion pour tout ce qu'ils souffroient,
et ils leur insinuoient facilement par ce moyen que,
sous l'ancien régime, ils étoient moins malheureux,
et leur présentoient sans cesse cet ancien régime,
comme le terme de leurs malheurs. Qu'on se rap-
pelle quels étoient les hommes qui paroissoient pro-
téger les citoyens de couleur dans les colonies, et
avec quelle perfidie ils les égaroient, et on verra
si c'étoient des amis de la révolution.

Mais lorsque le décret du 15 mai eut déjoué tous
les projets des contre-révolutionnaires, et qu'ils
virent que les citoyens de couleur alloient s'attacher
à la révolution, alors ils les abandonnèrent et tour-
nèrent leurs espérances du côté de la classe des
esclaves, plus facile à égarer que les hommes de
couleur.

Pour y parvenir, il fallut recommencer à flatter l'orgueil des colons, et paroître servir leurs différentes vues, et ce fut à l'époque du décret du 15 mai que les contre-révolutionnaires conseillèrent à ces colons de faire mettre quelques ateliers en insurrection, pour prouver à l'assemblée constituante que c'étoit un effet du décret, et l'obliger par ce moyen à le retirer, et à rendre ensuite le prétendu décret constitutionnel du 24 septembre, qui accordoit aux assemblées coloniales l'initiative sur l'état des personnes.

Tout cela leur réussit parfaitement, et les colons furent comblés des faveurs du corps constituant. Voilà la source de tous les malheurs des colonies; car il est bien démontré aujourd'hui, que si l'assemblée constituante eût eu la sagesse et le bon esprit de reconnoître les droits des citoyens de couleur, à la première réquisition qu'ils en firent, et qu'elle eût immédiatement après amélioré le sort des esclaves, sans nuire toutefois aux fortunes particulières et au commerce national; alors toute la population des colonies, gagnant à la révolution, elle l'eût appuyée, et la paix n'y eût pas été troublée.

Si l'assemblée constituante fit alors une grande faute, elle devient facile à réparer aujourd'hui, grace à la loi du 4 avril. Au lieu que si l'on eût toujours persisté à maintenir le décret du 24 septembre 1791, il ne restoit d'autre parti aux hommes de couleur, que de se coaliser avec les esclaves, et de ruiner la colonie de fond en comble.

Mais puisque la loi du 4 avril a ramené les citoyens de couleur à des principes, pourquoi n'essayeroit-on pas d'y ramener les esclaves par un moyen semblable, sur-tout dans la circonstance où nous allons nous trouver?

Nous sommes menacés d'une guerre avec l'Angleterre ; mais qu'on ne croye pas pour cela que cette puissance cherche à nous enlever nos colonies ; qu'en feroit-elle dans l'état où elles sont ? Déchirées par des divisions intestines, il faudroit y entretenir une force considérable pour y mettre l'ordre et contenir les esclaves révoltés ; il faudroit ensuite y verser des capitaux immenses, pour rétablir les dévastations ; tout cela encore dans l'incertitude d'en pouvoir retirer quelques fruits. Cette conquête, de quelque manière qu'on l'envisage, deviendra toujours trop onéreuse à l'Angleterre ; ainsi, on ne doit pas craindre qu'elle l'entreprenne. Mais le cabinet de Saint-James pourroit bien suivre le système perfide de la cour de Madrid, et employer des contre-révolutionnaires émigrés à Londres pour aller soulever les esclaves dans nos colonies (1) ; et dût l'Angleterre, par ce moyen perfide, perdre les siennes dans cette partie, elle n'en arriveroit pas moins à son système chéri, celui de la domination des mers.

Nous ne devons pas douter de l'intention des cours de l'Europe pour faire échouer notre révolution, et qu'elles emploieront tous les moyens pour réussir à la renverser ; mais toutes n'ont pas dû manifester ouvertement leurs intentions à ce sujet. Les puissances maritimes, par exemple, et sur-tout celles qui ont de vastes colonies, ont dû, par politique, ne pas se déclarer, parce que, connoissant l'esprit et les principes de notre révolution, elles ont dû craindre de les voir porter dans leurs possessions, qu'elles ne pouvoient faire assez garder pour les empêcher d'y pénétrer. En conséquence, elles ont caché leurs sentimens ; et

---

(1) On annonce déjà que plusieurs scélérats sont à Londres pour s'embarquer pour Saint-Domingue, afin d'y remplir cette abominable mission.

voilà pourquoi vous n'avez vu que les puissances sans colonies, ainsi que la Prusse et l'Autriche, vous attaquer ouvertement.

Mais voyons comme les puissances maritimes se sont conduites. L'Espagne, par exemple, n'a été retenue que parce qu'elle a craint de nous ce que les Anglais ont essayé de faire contr'elle pendant la dernière guerre, d'affranchir tous les peuples des Indes occidentales.

En s'enveloppant du manteau de la perfidie pour nous cacher son impuissance, l'Espagne à cherché à nous nuire d'une manière terrible. Nous savons aujourd'hui la part active prise par cette cour, de concert avec les contre-révolutionnaires, à tous les désastres de notre colonie de Saint - Domingue. Dira-t-on, pour nous dissuader de cette perfidie, que l'Espagne ne pouvoit réussir à perdre notre colonie en soulevant nos esclaves, qu'en s'exposant à perdre elle-même la partie espagnole de cette île, et que nos esclaves révoltés auroient entraîné les leurs et ruinés en commun cette belle partie? On peut répondre qu'assurement l'Espagne avoit dû compter sur ce acrifice, et qu'en le faisant, elle n'eût pas payé trop cher notre perte ; assez de terres lui seroient encore restées. D'ailleurs, n'avoit-elle pas senti que les principes de notre révolution, venant à se développer parmi les Espagnols, devoient lui faire perdre cette partie de son territoire, et qu'une fois dans nos mains, elle eût doublé nos richesses ? Il étoit donc de son avantage, sous tous les rapports, de la sacrifier, pourvu que ce sacrifice eût entraîné la ruine de notre colonie. Et voilà pourtant par quels moyens les malheureux colons se trouvoient ruinés et sacrifiés à une cour coalisée avec ceux qui paroissoient tout faire pour conserver leurs propriétés.

Qu'on ne s'y méprenne donc pas. L'Angleterre, en nous déclarant la guerre, ne suivra d'autre système pour nos colonies, que celui d'achever de les ruiner ; et dût-elle, comme je l'ai déjà dit, perdre toutes ses possessions des Antilles, dans cette position, elle n'en arriveroit pas moins à la domination de toutes les mers ; et l'Espagne même seroit la première victime de son système désastreux. (1)

____

(1) On répand ici, depuis quelques jours, que plusieurs colons des plus intrigans sont à Londres, pour offrir à Pitt de lui livrer nos colonies. Je les crois assez fous pour avoir conçu ce projet, qui ne peut entrer que dans la tête d'un émigré, ou d'un colon perdu de dettes. De pareils hommes peuvent tout entreprendre, ils n'ont plus rien à perdre. Mais que résultera-t-il de ce projet ? C'est que Pitt, plus rusé que les colons et les émigrés, se servira de leur haine pour faire réussir des projets bien autrement majeurs que l'envahissement de nos colonies. En effet, de quelque conséquence qu'elles puissent paroître, elles ne vaudront